REVUE CRITIQUE DU SALON

EXPOSITION DE PEINTURE.

NANCY.

MAI 1860.

Livraison.

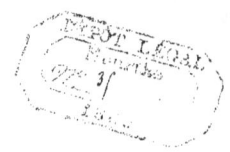

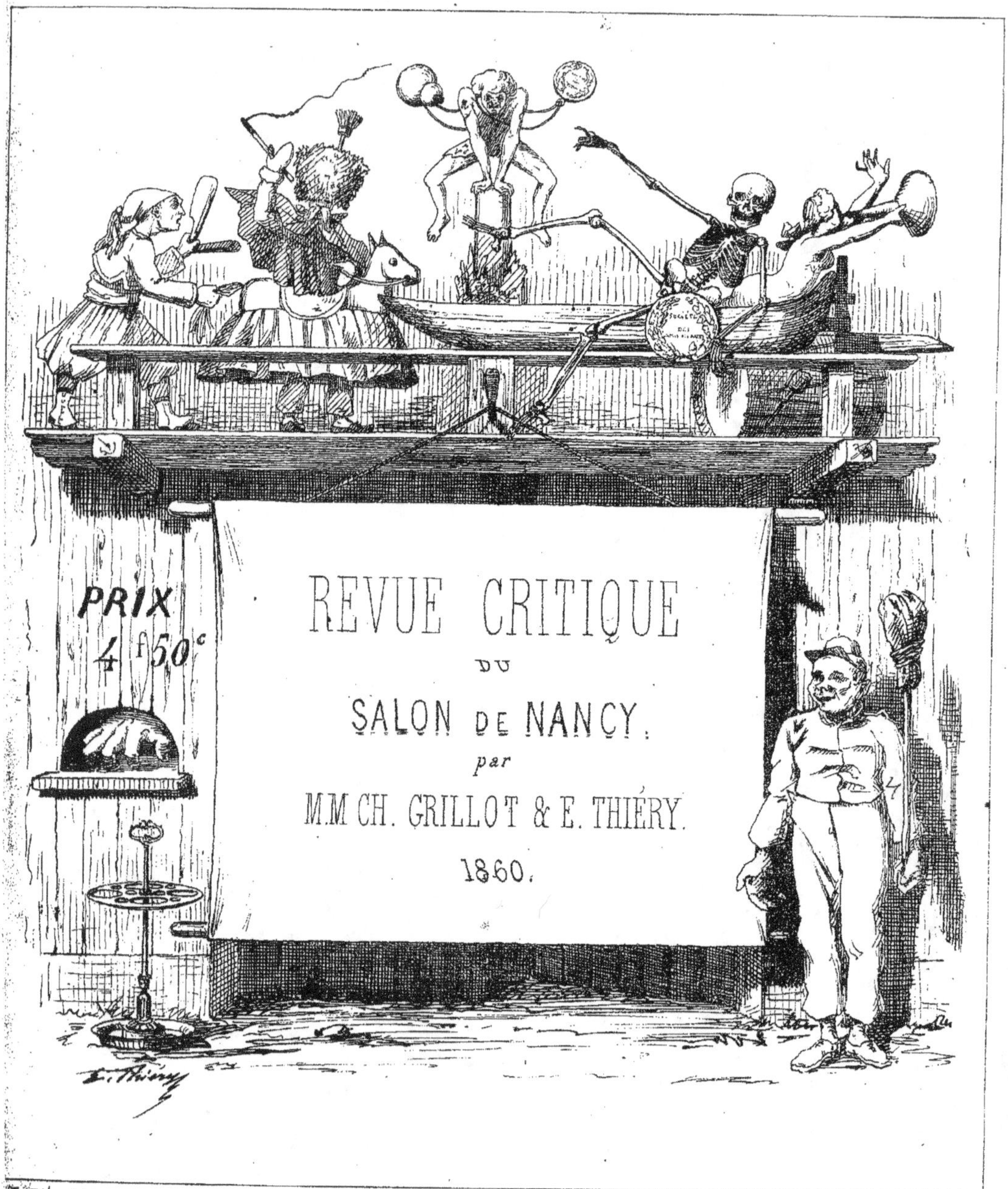

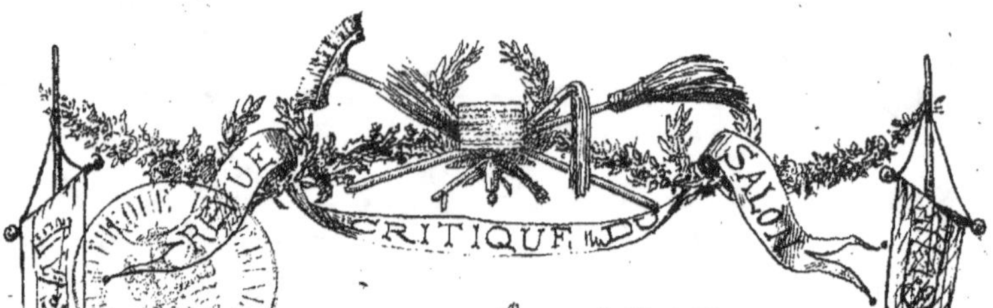

CRITIQUE DU SALON

Nancy, 18 Mai 1860.

Exagérer l'éloge et taire le blâme, tel semble être — surtout en province — le cercle étroit dans lequel serait enfermée la revue critique du Salon. Aussi ne l'aurions nous pas entreprise si nous n'étions persuadés que l'on peut dire — même à ses concitoyens — toute la vérité. Nous pourrions nous tromper, du moins le ferons-nous avec une entière bonne foi et serons-nous toujours prêts à reconnaître notre erreur. Nous serons peut-être sévères parceque nous aimons profondément les arts. Nous rirons parfois aussi : dire la vérité en riant est la méthode toute française que nous adoptons.....
Mais nous sommes bien sûrs de dire ce que nous serons. Abonnez-vous et vous verrez !

C. Grillot et E. Thiéry.

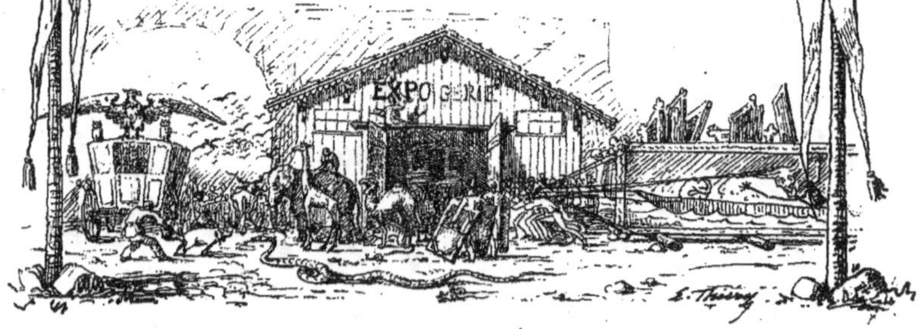

La revue paraîtra en cinq livraisons, depuis le 27 mai jusqu'au 10 juin.
Prix de l'abonnement ..... 3 f.
Chaque livraison 0.75
On s'abonne chez tous les libraires à Nancy.

LE SALON DE NANCY.

1860.

1860

EXPOSITION DE 1860.

LE SALON DE NANCY.

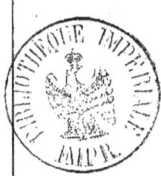

Rien n'est beau que le vrai.

I.

Me voilà, moi chétif, pris aussi de la fantaisie de donner à mon tour un avis sur les œuvres exposées au Salon de Nancy. Quel aplomb! Je sais à peine tenir un crayon; de ma vie je n'ai gâché de couleurs, ni barbouillé de toiles; autant qu'homme au monde j'ignore le passé et le présent de la peinture et je me soucie, comme de cela, des diverses écoles qui se sont disputé et se disputent encore l'admiration et la bourse des oisifs et des amateurs.

Eh bien, c'est précisément cette heureuse ignorance qui m'enhardit jusqu'à prendre la plume : le public se composant de gens qui, comme moi, comme le premier venu, ignorent en général les éléments de l'art, je suis sûr d'être compris, d'exprimer des idées qui peuvent surgir dans l'esprit de tous, si je ne fais que raconter le plus simplement qu'il me sera possible mes propres impressions. Pour juger un tableau il ne faut pas, comme on le dit très-souvent, être capable de le faire soi-même, il suffit de le comprendre; et comprendre un tableau, c'est faire une simple opération de l'esprit, opération accessible à bien des intelligences, quelquefois même aux plus vulgaires. Donc je ne viens pas faire de la science, je ne le pourrais pas ; je ne m'adresserai qu'au sens commun, « à ce bonhomme à l'air tranquille et aux oreilles un peu longues » que l'on méprise beaucoup trop de nos jours.

Contempler une œuvre d'art, y rechercher le beau et le vrai, forcer son esprit à s'éveiller, son âme à sentir, à connaître et à admirer, se laisser aller aux émotions généreuses que la vérité seule fait naître, se replier sur soi-même, évoquer tour à tour ses diverses impressions jusqu'à ce moment de douce satisfaction où l'on a compris enfin la pensée de l'artiste, où l'on se sent transporté avec lui dans un monde nouveau, où ces deux esprits tout à l'heure si différents et si étrangers sont un instant unis dans la plus douce communauté, celle du cœur et de l'intelligence; est-il, je le demande, une récréation plus noble, un délassement plus élevé, une source vive de jouissances plus délicates?

Et l'on me comprendra dans ce pays où le culte des beaux-arts a été de tout temps en faveur, où à toutes les époques de son histoire, s'il n'y a pas toujours eu des génies pour enfanter des chefs-d'œuvre, du moins toujours le sens populaire y a été assez éclairé pour reconnaître et aimer le beau et protester hautement ou sourdement contre les œuvres médiocres que parfois on proposait à son admiration.

CHARLES GRILLOT.

(*La suite à la deuxième livraison.*)

Nous nous trouvons bien souvent au Salon, au milieu de toutes ces œuvres de genre et de mérite différents, tantôt seul en face d'elles étudiant leurs beautés et leurs défauts; tantôt écoutant et recueillant les avis des docteurs et des ignorants; tantôt tranquillement assis au bord du bassin orné de fleurs, bercé comme dans un rêve, au doux et monotone murmure de l'eau jaillissante; tantôt discutant, défendant, attaquant; tantôt enfin riant aux éclats en véritable enfant de la vieille Gaule : heures charmantes dont nous avons voulu fixer le souvenir en notant chaque jour les traits hardis, spirituels, incisifs, sévères parfois et injustes que sans cesse on lance contre toutes les œuvres d'art. Et comme à Nancy l'esprit ne court pas les rues, nous nous empressons de saisir ces traits au vol et d'en composer un album que nous voulons bien ouvrir à nos lecteurs, pour leur donner un écho de ces causeries artistiques. Nous espérons bien que l'ombrageuse susceptibilité des artistes ne s'effarouchera point de ces bulles de savon qui, plus brillantes que solides, disparaissent bientôt sans laisser la trace de leur passage. D'ailleurs, quand même le trait acéré frapperait vite et juste, nous ne le supprimerions pas, car jamais il ne s'adresse à l'homme, mais à l'artiste et à son œuvre ; et, dans notre pensée, l'œuvre exposée appartient tout entière au public qui, dès lors qu'on le consulte, a le droit d'applaudir et de siffler. C'est donc le public qui a dicté nos *Caquets du Salon;* nous ne sommes que son très-humble interprète.

CH. G.

LES CAQUETS DU SALON.

Les artistes aiment mieux donner des leçons qu'en recevoir.

⁂

Dire à un peintre de talent qu'il est un homme de génie, c'est souvent l'empêcher de le devenir.

⁂

Dire à un peintre médiocre qu'il a du talent, c'est retirer la perche à un homme qui se noie.

⁂

Un amateur proposait de mettre au bas d'un grand tableau l'inscription suivante : Psyché-Dubois (dont on fait les flûtes).

⁂

On demandait à mon cher collaborateur, E. Thiéry, ce qu'il désirait le plus gagner à l'Exposition. — A être connu, répondit-il avec la modestie qui le caractérise.

⁂

A qui appartient le bas de jambe retrouvé dans le voisinage d'un jeune Ecossais ? Le jury informe.

⁂

Monsieur X... est très-laid : tout le monde est d'accord là-dessus, excepté lui. Eh bien, M. X.... a raison ; il n'est décidément pas mal.... en peinture. Voyez-le au Salon.

⁂

Le succès de la comédie d'Emile Augier, Un beau mariage, a empêché M. P. de dormir. La réciproque sera-t-elle également vraie ?

⁂

Si M. Pene n'enlève pas son orange ouverte, un cousin de Pentecôte la lui mangera.

*
* *

Un étranger de l'espèce naïve me démandait pourquoi l'on a donné à la salle d'Exposition le nom de salle des chameaux. — Probablement, lui répondis-je, parce que l'on ne peut s'empêcher d'y rire comme des bossus.

AUX AMATEURS.

Pour encourager les arts il ne suffit pas, Messieurs, de faire partie de la Société des amis des arts, de prendre une carte d'abonnement au Salon, d'aller chaque jour admirer des tableaux, d'avoir pour eux cet amour platonique qui s'en tient au sentiment sans songer jamais à la possession, il faut surtout savoir les estimer et les échanger contre de l'or. Ce n'est pas à vous que je m'adresse, faiseurs de collections, à vous qui ne recherchez que les tableaux signés autrefois de noms inconnus aujourd'hui et couverts d'une affreuse poussière noire. Non; conservez vos vieilles toiles usées et rapiécées, continuez à vous laisser duper par les revendeurs... les beaux-arts n'ont rien de commun avec vous. Mais c'est à vous, amants passionnés du beau, pour lesquels la possession d'un chef-d'œuvre est une des plus délicates jouissances de la vie. Posséder un chef-d'œuvre, l'avoir là toujours près de soi, le contempler le matin, à midi, le soir, veiller à sa toilette, à sa conservation comme à celle d'un enfant gâté, d'un ami véritable ; le changer cent fois de place, chercher sans cesse le rayon du jour qui lui est le plus favorable, se lever la nuit pour le regarder encore en promenant la lampe sur ses beautés toujours aimées et toujours nouvelles ! — On l'a dit avec raison : le génie ressemble à un grain, lequel croît partout moyennant qu'on l'arrose. Et c'est vous, ne l'oubliez pas, amateurs intelligents et riches, c'est vous qui le faites germer et éclore.

Dans nos prochaines livraisons, pour faciliter à MM. les Amateurs la possession des chefs-d'œuvre de l'Exposition de 1860, nous donnerons les prix demandés par les artistes eux-mêmes.

CH. G.

Nancy, imprimerie de veuve Raybois et comp., rue du faubourg Stanislas, 3.

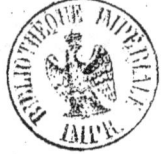

PEINTURE HISTORIQUE.

II.

La grande peinture, la peinture historique, celle où l'artiste cherche à réaliser le beau sans se préoccuper des goûts et des caprices passagers, à stimuler l'âme vers l'idéal, à éveiller les plus nobles passions de l'homme, sera toujours la plus difficile à aborder. Le choix du sujet est lui seul un écueil ; les scènes mythologiques ou religieuses trouvent, aujourd'hui surtout, un public indifférent, blasé, le plus souvent incapable de comprendre une idée philosophique, un public pour lequel ces nobles et grands sujets ne sont plus qu'une poésie morte, dépourvue d'inspiration, de naïve et sublime grandeur. Il faut, d'un autre côté, que l'artiste donne à sa pensée une forme à la fois simple et vraie qui la fasse pénétrer dans tous les esprits sous peine de voir bientôt la foule s'éloigner de son œuvre, alors même que sous le rapport de l'exécution matérielle, du dessin et de la couleur, elle serait traitée avec un véritable talent. Dans les beaux-arts, comme partout ailleurs, les plus belles choses fatiguent ceux qui ne les comprennent pas.

Aussi nous ne devions pas espérer voir au Salon de Nancy quelques-unes de ces grandes compositions devant lesquelles l'homme vraiment artiste aime à revenir souvent rêver et penser : cependant la grande peinture a été courageusement, et non pas sans succès, abordée dans la Psyché de M. Dubois, dans la barque à Caron de M. Feyen-Perrin, l'esclave Gaulois de M. Sellier et l'Assomption de la Vierge de Melle Blaise. Arrêtons-nous un instant sur chacune de ces grandes toiles, les plus importantes du moins par la grandeur des sujets.

M. Feyen-Perrin a réuni dans la barque du vieux nocher des

enfers un assortiment complet de passagers d'outre-tombe : un roi hébété de sa chute profonde et de son isolement après les pompes de la royauté ; des amants, des pères, des enfants, qui du moins emportent avec eux le souvenir de leurs douces affections ; à l'arrière, une jeune fille qui étend les bras vers les lointaines clartés du jour et jette à la vie ses adieux et ses regrets ; à l'avant, un homme qui plonge avec terreur ses regards dans les ténèbres des sombres bords ; sur le devant de la barque, un assassin poursuivi par la vue du cadavre de sa victime ; un mendiant dont le calme annonce qu'il n'a rien à regretter ; enfin au centre, le philosophe cynique Ménippe qui, une marotte à la main, rit à belles dents de tous ces pleurards, ses compagnons du dernier voyage. C'est là une idée très-grande et assez bien comprise : le sujet en prêtant aux contrastes et en permettant l'emploi du nu, devait tenter un artiste qui, comme M. Feyen, possède à un certain degré la science du dessin. La tête de Ménippe est vraiment originale, malheureusement son corps allongé sur le devant de la barque forme une ligne raide d'un mauvais effet ; le groupe des jeunes amants est empreint d'une délicieuse mélancolie : on sent que la jeune femme espère encore alors que son amant plus soucieux n'entrevoit que trop la fatale destinée ; l'attitude de la jeune fille qui regrette si amèrement la terre pourrait être plus élégante ; la figure du vieux nocher dont l'indifférence eût produit au milieu de ces pleurs et de ces émotions diverses le plus heureux contraste est entièrement sacrifiée ; enfin la plupart de ces personnages, à l'exception du mendiant, de Ménippe et de la victime dont le corps est mal dessiné, sont dans une obscurité monotone qui nuit beaucoup à l'effet général. En résumé cette vaste composition atteste un grand savoir ; mais on voit aussi qu'elle est l'œuvre d'un jeune homme qui, comme tant d'autres, n'a pas assez douté de ses forces. Depuis l'époque où il a composé ce tableau, M. Feyen a donné de nouvelles preuves d'un talent sérieux et incontestable ; nous aurons occasion d'en parler.

Avec M. Dubois nous ne quittons pas cette mythologie païenne dont les gracieuses allégories ont fourni à la peinture et à la sculpture leurs plus beaux chefs-d'œuvre. Psyché, l'épouse céleste de l'Amour, victime de la haine de Vénus, de sa propre curiosité (que ne peut la curiosité féminine !), est seule, abandonnée ; dans son désespoir elle se précipite dans un torrent ; mais la fille du Soleil ne peut mourir, le torrent s'apaise et la dépose doucement sur un gazon émaillé de fleurs. Telle est la scène dramatique que M. Dubois a représentée dans son tableau. — Comment? — Ma foi, lisez le catalogue. — Quoi, cette femme aux couleurs pâles, à la taille élancée, aux étroites épaules, est Psyché ? — Oui? — Psyché la rivale de Vénus pour la grâce et la beauté, Psyché, la déesse immortelle, le mythe le plus pur et le plus mystique de l'antiquité, l'alliance de l'âme et de l'amour divin qui, se dégageant des vapeurs terrestres, vont enfin, dans les palais de l'éther, s'enivrer d'amour et d'immortalité ? — Lisez le catalogue. — Non, cette jeune fille résignée et mélancolique est une vierge chrétienne destinée à la mort, et le vieillard qui la soutient est un pieux anachorète qui l'encourage au moment de monter au bûcher ; ou bien encore, c'est Suzanne surprise au bain par un vieillard indiscret. Mais ce n'est pas la Psyché antique. La Psyché de M. Dubois est toute moderne ; son corps démesurément long et étroit n'est pas celui d'une jeune fille ; ses bras mal dessinés ne sont pas gracieux : la main gauche retient la tunique légère d'un geste peu convenable, même pour une déesse : le ton général de la couleur n'est pas vrai. Quant au vieillard, que ce soit le torrent fait homme ou quelque pêcheur des environs, on est d'accord en général pour vouloir l'effacer du tableau ; et cependant, s'il s'en allait, la pauvre Psyché tomberait, car, regardez bien, elle s'appuie sur lui sans façon : mais c'est une déesse ! Le fond est négligé : les rochers, l'eau, le ciel, appartiennent, nous le voulons bien, à l'école de David, mais la science et l'art ne pouvant, selon nous, mieux faire que la nature, nous renverrons toujours les artistes à son école. Eh bien, malgré ses graves défauts, le tableau plaît beaucoup ; ce n'est pas, comme on l'a dit, une œuvre savante, mais c'est une œuvre agréable ; on aime à s'arrêter et l'on se surprend à rêver devant elle ; ce pinceau délicat, cette grâce un peu minaudière éblouissent, et la jolie ceinture rose, autant que la tunique transparente, enlève l'admiration des plus récalcitrants.

CHARLES GRILLOT.

(*La suite à la troisième livraison.*)

LES CAQUETS DU SALON.

On dit que les deux esclaves de M. Sellier sont condamnés à mort ; je les trouvais assez malheureux déjà de ne pas voir le jour.

⁎

Si vous passez devant le faune de M. Clère, hâtez-vous, il pourrait bien sauter sur vous.

⁎

Nous nous inquiétions beaucoup de ce que l'artiste avait fait des jambes de deux soldats couchés dans des lits jumeaux et des draps bien propres, — Mais, nous dit-on, vous voyez bien que ces malheureux sont amputés.

⁎

L'Empereur passant devant le tableau de M. Sellier disait : qu'est-ce cela ? une cave ? — Non, Sire, lui répondit-on, c'est un Sellier.

⁎

Aimer les arts et savoir les payer c'est deux.

⁎

On s'établit professeur de dessin et l'on se croit un maître.

⁎

Honnête récompense à celui qui rapportera de l'eau semblable à celle que M. B... a rapportée de la Picardie.

⁎

On dit du tableau d'un jeune peintre que c'est son premier. Plût à Dieu que ce fût son dernier.

⁎

Psyché est sortie de l'eau et le jeune vieillard en sort, — (Le mot n'est pas plus neuf que le tableau. — Ecole de David.)

⁎

A quelle école appartient donc P... ? — A l'école primaire, Et X... ? — A l'école industrielle.

⁎

Eh bien ! vous avez été voir notre exposition ? — Oui. — Etes-vous content ? — Il y a des fleurs délicieuses... autour du bassin.

Nancy, imprimerie de veuve Raybois et comp., rue du faubourg Stanislas, 3.

PEINTURE HISTORIQUE.

(Suite.)

L'Esclave gaulois offre avec Psyché le plus heureux contraste. Ce malheureux enfermé dans un cachot obscur émeut profondément ; il y a un sentiment bien vrai dans le geste de cet esclave qui, à son heure dernière, songe encore à laisser un nom ignoré sur le mur humide de sa prison. Tout le monde reproche avec raison à M. Sellier l'abus qu'il fait des teintes noires : ainsi, il est le plus souvent impossible d'apercevoir la plus grande partie du corps et le compagnon de chaîne accroupi sur la dalle ; mais on exagère le reproche. Quand le jour qui lui convient éclaire cette belle toile le défaut est moins sensible. Examinez-la longtemps, attentivement ; bientôt cet homme sortira pour ainsi dire de son obscure prison ; cette tête s'animera, empreinte du mâle désespoir de celui qui va mourir ; examinez encore, et l'esclave tout entier revêtira une forme animée, vivante, et vous reconnaîtrez enfin la vérité et la grandeur de cette magnifique étude. Cette animation lente et graduée sous le regard du spectateur est pour nous un des charmes du clair-obscur ; et nous le préférons de beaucoup à la manière plate et monotone de M. Dubois. Il est évident que l'artiste qui a dessiné et peint l'Esclave gaulois doit prendre rang parmi les grands peintres de son époque.

L'auteur de l'Assomption de la Vierge est une femme ; notre franchise habituelle en est singulièrement contrariée. La grande peinture, avons-nous dit, est le privilége des maîtres, de l'artiste qui a une profonde connaissance du dessin, du modelé et de la couleur ; or, Melle Blaise, après s'être timidement essayée au portrait, à l'étude d'après nature, s'élance d'un seul bond vers les plus hautes sphères de l'art ; qu'elle y prenne garde. La fable du jeune Icare est immortellement vraie.

LE GENRE.

III.

Le tableau de genre est le type le plus complet de nos goûts et de nos habitudes modernes : c'est l'art fait bourgeois. Petit, il trouve facilement place dans nos appartements étroits ; dépourvu, en général, d'idée, d'esprit et de style, fait lestement, il est à la portée de toutes les intelligences et de toutes les bourses ; il se revend mieux encore. Aussi encombre-t-il aujourd'hui les expositions de Paris et de la province. Dans le domaine de l'art, il est ce que le roman est dans la littérature ; il a donné naissance à une inépuisable et récréative variété d'études de mœurs, de scènes intimes et familières qui reproduisent toutes les faiblesses et tous les travers du temps ; il se moque, spirituellement parfois, de la sérénité olympienne de la grande peinture. On ne saurait nier le charme que le genre exerce sur la foule : seulement il faut l'estimer à sa juste valeur, se bien garder de mettre sur le même rang les aspirations idéales de l'âme et l'imitation des vulgarités de la vie. Sachons conserver, au moins pour les créations de l'esprit, ler espect d'une hiérarchie légitime.

Si d'un côté, dans le genre, l'artiste se dispense de mettre à la torture son cerveau pour en faire jaillir une idée, s'il se contente de photographier avec plus ou moins de goût ce qu'il voit autour de lui, s'il n'obéit plus qu'à ses fantaisies ; de l'autre, la critique doit lui demander un compte plus sévère de l'exécution matérielle, du dessin et de la couleur. Les erreurs les plus graves peuvent échapper à celui que vous transportez dans le monde idéal de la pensée ; mais si vous charmez les yeux sans parler à l'esprit, si vous forcez à comparer ce que vous avez fait avec ce qu'on voit chaque jour, prenez garde : la comparaison est dangereuse, et le moindre défaut pourra détruire le charme qui retenait auprès de votre œuvre. Donc, ne l'oubliez pas, le tableau de genre supporte difficilement la médiocrité ; médiocre il devient comique, et s'il fait rire vous êtes perdu : le ridicule tue dans les beaux-arts comme ailleurs.

Il y a au Salon trois tableaux de genre vraiment remarquables : la Toilette du Turco de M. Pils, la Halte du moine de M. Sellier, et la Chute de cheval de M. R. de Scitivaux.

Dans le tableau de M. Pils, un Turco se fait raser la tête par un camarade ; pendant que celui-ci fait gravement sa besogne, l'autre en vrai Turco, un miroir à la main, suit avec une attention vraiment comique tous les mouvements du rasoir : au deuxième plan, devant les tentes, deux autres Turcos travaillent, l'un raccommode sa culotte, l'autre remet sa guêtre. La scène est naturelle, amusante, bien rendue : tous ces hommes sont très-habilement campés, surtout le Turco qui se fait raser ; l'expression des visages est très-vraie ; sous le coloris très-chaud, on sent un dessin d'une exactitude rare. C'est le meilleur tableau de genre du Salon ; il réunit les qualités de ces modestes compositions, la vérité, l'intérêt, le dessin et la couleur ; il serait difficile d'y relever un défaut grave. Les Parisiens, depuis la guerre d'Italie surtout, doivent se disputer à prix d'argent ces sortes de tableaux, et nous comprenons fort bien que M. Pils profite de cette vogue toute particulière ; mais M. Pils est grand prix de Rome : honneur et talent obligent. Nous ne pouvons nous contenter de son envoi au Salon.

M. R. de Scitivaux a emprunté son tableau à une scène bien souvent reproduite dans les romans de Mme Sand : une jeune fille est tombée de cheval ; le cavalier, son compagnon, s'est précipité à terre, a ramené son précieux fardeau sur l'épais gazon, au pied d'un arbre : sa vive douleur témoigne de l'amour qu'il ressent pour cette belle enfant dont la tête repose, évanouie, sur son genoux ; un petit paysan accouru, tient le cheval du cavalier, tandis que celui de la jeune fille fuit au loin à travers la campagne. La scène est fort bien rendue ; l'expression des visages est naturelle : on sent sur la naïve figure du petit paysan la terreur qu'il éprouve à la vue de cette jeune femme évanouie. Peut-être le désespoir du jeune homme est-il un peu forcé, il s'arrache les cheveux et malheureusement dans son embarras il semble consulter son cheval, qui d'ailleurs, en excellente bête, partage vraiment la douleur de son maître. La jeune femme n'a pas assez d'abandon ; sa longue robe fait sur la verte prairie une immense tache noire d'un effet désagréable, que l'artiste eût pu éviter en mettant un peu plus de désordre dans les plis de la robe et en laissant voir une bottine ou le bas de jambe de la jeune fille. La prairie qui s'étend au loin est d'un vert un peu criard et par trop uniforme ; le ton jaunâtre du premier plan opposé à la fraîcheur du fond rend sensible le défaut de perspective; la scène semble renfermée dans un espace très-limité qui, cependant, si l'on fait attention à la taille très-petite des bœufs qui paissent au loin et surtout à celle du cheval qui fuit au galop, doit être au contraire très-profond et très-étendu. Tout cela est peu de chose ; nous l'indiquons cependant, parce que, nous l'avons dit, le tableau de genre doit être examiné avec soin dans toutes ses parties. Avec quelques légères modifications ce tableau serait un petit chef-d'œuvre de genre, tel qu'il est, c'est une délicieuse fantaisie qui fait le plus grand honneur à l'artiste qui l'a composée.

Un capucin monté sur un mulet (cheval ou âne ?) est arrêté devant une maison de la campagne de Rome ; fatigué de la route, de l'ardeur du soleil, il prend une orange dans le panier que lui offre une jeune fille. Tel est le sujet du tableau que M. Sellier vient d'envoyer au Salon. Cet envoi a été tout un événement ; les amis du jeune artiste y ont vu une rupture complète, définitive avec le clair-obscur exagéré de la première manière. Ce mur blanc, en effet, ces ombres vives et ménagées, ce ciel bleu, ce fond léger, le costume aux brillantes couleurs de la jeune Italienne, tout cela était fait pour éblouir et il est bien difficile de se soustraire au charme de cette simple composition. Mais nous nous trouvons en face de l'œuvre d'un peintre de grand mérite dont nous aimons même les défauts ; bien souvent nous nous sommes arrêté devant cette toile, bien souvent nous avons interrogé les artistes et les amateurs et nous sommes resté convaincu qu'elle ne marquait pas un progrès de son auteur. Un œil exercé et attentif ne saurait laisser échapper les défauts : ainsi la monture du moine supporterait difficilement un scrupuleux examen ; la tête est trop forte, les oreilles courtes, les jambes pas assez déliées ; les sabots sont ceux d'un fort cheval ; enfin elle semble faite de porcelaine. Le moine est tout à fait dans l'ombre, quoiqu'exposé en plein soleil ; son visage se confond pour la couleur avec le chapeau et la robe et il nous serait impossible de lire sur lui le sentiment qui anime le moine à la vue de la jeune fille, si le geste qu'il fait pour prendre l'orange n'était pas rempli de la plus naïve timidité. L'air et l'espace manquent entre le mulet et la maison et cependant (on ne sait comment) la jeune fille y est placée ; son visage noyé dans un gris vague n'est pas achevé et se trouve dès-lors peu en harmonie avec le costume qui est fait de main de maître. Les ombres portées par cette jeune femme, le moine et sa monture sur le sol brûlant ne s'expliquent qu'autant que l'on admet deux lumières ; enfin le fond est à peine ébauché et le feuillage qui couvre le puits ne ressemble à rien. Nous ne croyons pas non plus que ce tableau sorte de la première manière de M. Sellier ; comme l'a fait très-spirituellement ressortir notre habile collaborateur en rapprochant l'Esclave gaulois et la Halte du moine, la différence est toute superficielle ; au fond c'est la même manière, le même amour des tons noirs et vagues ; et pour croire à une méthode nouvelle chez M. Sellier, nous attendrons des preuves meilleures.

Que l'on ne se méprenne pas sur notre critique : c'est parce que nous aimons beaucoup ce tableau que nous avons voulu l'étudier avec un soin tout particulier ; outre la jouissance que l'on éprouve dans cette contemplation du beau, on gagne toujours quelque chose à s'arrêter longtemps et souvent devant une belle toile : le goût se forme et s'épure, et si l'on peut rendre à l'artiste le service de le critiquer sainement et utilement, on le fait d'autant plus volontiers que l'on a eu plus de plaisir à contempler son œuvre.

A la Halte du moine nous préférons de beaucoup l'Intérieur de la ménagère, du même auteur. Il y a dans ce tableau un jeu de lumière admirablement compris et rendu ; tout y est simple et vrai ; on sent que l'artiste a copié avec amour cette modeste chambre où, sans doute, il a passé les premiers jours de son enfance. Dans la peinture, comme dans la poésie et la littérature, on n'exprime bien que ce que l'on aime : M. Sellier le sait mieux que personne, lui qui a fait un chef-d'œuvre, le portrait de sa mère.

Un mot encore à M. Sellier. Le tableau de genre peut être pour lui une distraction à de sérieuses études, mais il ne faut pas qu'il absorbe son temps. Notre pays est assez pauvre en grands artistes pour que nous soyons en droit de lui demander de ne pas laisser s'égarer dans la fantaisie et le genre facile les nobles et grandes qualités qu'il a reçues du Ciel. Il ne doit jamais l'oublier : son nom est destiné à être inscrit sur le livre d'or de la plus pure aristocratie qui soit au monde, celle du génie.

Nous nous sommes arrêté devant les meilleurs tableaux de genre exposés au salon ; le temps et l'espace nous manquent pour examiner un à un tous les autres. Autant nous aimons à critiquer une œuvre sérieuse et belle, autant il nous déplaît de nous arrêter devant un tableau médiocre. A peine devant lui, un sentiment de tristesse profonde nous saisit ; cette tristesse quelquefois devient de l'irritation : le trait part alors plus ardent que nous ne l'aurions voulu ; parfois aussi, oubliant que nous avons devant nous le fruit des veilles et des études d'un homme qui se cherche lui-même ou d'un malheureux qui s'abuse sur son propre mérite, nous nous laissons aller à un fou rire... Et dans une revue sérieuse, nous ne voulons ni railler des efforts louables, ni rire du pauvre fou qui se prend au sérieux. Donc pour cette partie de notre œuvre nous renvoyons *à nos Caquets du salon* qui, vivement et brièvement, expriment notre opinion et aussi quelquefois celle du public ; nous renvoyons encore aux charmants dessins de M. Thiéry qui, lui aussi, à sa critique sérieuse, s'est vu obligé de joindre un élément comique, le complément de l'œuvre entreprise par nous.

Avant de quitter les tableaux de genre, nous devons une mention toute particulière à une excellente copie d'une kermesse de Rubens ; voilà un très-bon exemple donné aux artistes de la province. Rapporter de ses voyages des copies ainsi faites, outre que c'est faire une œuvre profitable à soi-même, c'est aussi rendre service à ceux qui, comme nous, préfèrent de beaucoup une bonne copie d'un tableau de maître aux compositions écloses du cerveau de bien des artistes modernes. Que d'amateurs aussi montrent avec orgueil dans leur collection des copies intelligentes attribuées, par l'effet du temps et de la concurrence, aux maîtres eux-mêmes. Bien copier, c'est faire preuve d'un goût éclairé, d'une passion vraie pour le beau ; cette passion anime M. Pene : nous devons le remercier d'avoir envoyé cette copie au salon, et l'engager à persister le plus longtemps possible dans cette voie, la meilleure pour bien étudier les maîtres et le devenir un jour soi-même.

CHARLES GRILLOT.

LES CAQUETS DU SALON.

Critiquer un tableau médiocre, c'est en faire la photographie.

*_**

Les petits savoyards de Mlle L... sont bien noirs; ils n'ont cependant qu'à se baisser pour prendre du savon.

*_**

Si l'officier qui a crié aux hommes de M. Pils : Artilleurs à vos pièces! n'est pas content de l'exécution de son ordre, il est bien difficile.

*_**

X... fait, suivant les commandes, toutes sortes de tableaux à l'huile ou au..... crayon.

*_**

Il faut que M. K... quitte Lamarche où il est, s'il veut devenir un grand peintre.

*_**

Les soldats de M. Kampf sont originaux et en plâtre ; ceux de M. Menessier sont de bronze et ils vivent.

*_**

Le boulet qui a tué le colonel Menessier a emporté un bon soldat et un bien grand artiste.

*_**

Il y a au Salon la fin du combat entre le milan et le héron. Buffon dit que le commencement est impossible : de quoi se mêle-t-il ?

*_**

A quoi diable la bergère de M. L... peut-elle rêver ?

*_**

Elle partit seule pour le bois de Boulogne
En emportant le dragon sous son bras !..

Que je la plains !

*_**

Bien des peintres, quoi qu'ils fassent, ne font jamais que des natures mortes.

*_**

Un mauvais artiste invente sans cesse des couleurs pour le public, qui s'en moque et ne les achète pas. Lequel des deux est le plus attrapé?

**

On voit au Salon des assiettes de faïence enluminées de dessins noirs : c'est un genre fumé.

**

Si M. C... ne dit pas où son braconnier trouve du gibier de cette taille-là, je le croirai son complice.

AVIS AU PUBLIC.

A Nancy, comme partout en province, il faut cent fois expliquer ce que l'on fait pour rendre toute équivoque impossible. En même temps que nous étudions consciencieusement les tableaux exposés au Salon pour dire au public notre manière de voir et de juger, notre collaborateur de son côté, s'acquitte bien mieux que nous, avec son crayon, de la mission que nous nous sommes imposée. Seulement, tandis qu'il nous est facile de faire ressortir le mérite d'un tableau, lui ne peut en faire voir que les défauts en les exagérant. C'est — qu'on nous permette de le dire pour les personnes qui ne savent pas lire — c'est là tout le mérite d'une charge bien faite. Aussi, en général, ne doit-on charger que les tableaux de premier ordre. Telle était aussi l'intention de M. Thiéry : mais le nombre de ces tableaux est tellement restreint qu'il se trouvera parfois obligé — bien malgré lui — de s'adresser aux œuvres de médiocre valeur. Sa critique sera donc à la fois sérieuse et amusante — sérieuse pour les tableaux sérieux, amusante pour les autres. Nous ne nous adressons qu'aux personnes qui savent encore rire; mais nous ne saurions trop le répéter, la critique — charge ou non — ne s'occupe que de l'œuvre et non de l'homme. Que lui importe en effet le nom? Elle ne voit que le tableau; c'est souvent bien assez.

CH. G...

LES PORTRAITS.

IV.

Il fut un temps où, en entrant à l'exposition de peinture, on éprouvait une bien agréable surprise : on reconnaissait ou croyait reconnaître son voisin, suspendu au mur dans un beau cadre doré, posant en pied, à mi-corps, en habit noir et gilet blanc, en robe de chambre et en pantoufles; puis à côté de lui, Madame son épouse parée, attifée, en robe de noce ou de bal, parfois même dans le négligé le plus provocateur. Tous ces visages souriaient, minaudaient, grimaçaient; c'était laid, prétentieux, agaçant. Mais les bonnes choses s'en vont, et cette galerie de portraits qui faisait dire à un spirituel auteur qu'il n'est pas de bourgeois, même très-vilain,

Qui, par l'art embelli, ne puisse plaire aux yeux,

cette galerie n'est plus! Ce n'est pas que les affections de la famille diminuent, comme dirait un pessimiste; jamais au contraire on n'a tant aimé ses parents en peinture; jamais nos logis n'ont été davantage peuplés des images des absents et des ombres de ceux qui ne sont plus; mais c'est que le portrait, cette douce consolation des vivants, est tombé dans le domaine de l'industrie. La photographie a secondé et développé cette recrudescence du culte des morts, et en même temps elle a débarrassé l'art d'un genre médiocre qui le déshonorait. Ces petites photographies, modestement à l'écart, au troisième rang, presque à terre, semblent étonnées de se trouver en si bonne et si haute compagnie; elles ont réellement le sentiment de leur valeur. Et cependant elles intéressent au plus haut degré ceux qui, plus nombreux qu'on ne pense, n'ont pas au salon d'autre plaisir que celui de mettre un nom connu sous chacune de ces petites images plus ou moins bien coloriées. Laissons donc ces bonnes gens à leur innocente distraction et arrivons aux véritables portraits, à ceux qui sont vraiment dignes d'attention.

Faire un portrait, c'est non pas copier admirablement les coquettes gracieusetés, les sémillants sourires, les originalités de la lèvre, les mille ruses de la vanité, les cent comédies d'expression, les traits, la peau, les rides, les verrues, les poils follets d'un visage (tout cela est de l'industrie); mais c'est rechercher une ressemblance morale, une physionomie animée, vivante; c'est fixer sur la toile la personne aimée avec le visage que nous lui connaissons, avec son air de toujours, avec cet air sous lequel elle nous est connue dès autrefois et sous lequel elle nous sera chère à jamais; c'est faire revivre cette personne avec tout ce que le souvenir, l'amitié, le respect, un doux commerce nous ont appris à deviner, à voir, à chérir dans un visage, même rude, même commun, même ingrat.

Donc pour faire le portrait d'une personne, il ne suffit pas de la voir pendant quelques heures dans l'atelier, il faut encore étudier la physionomie qui lui est le plus ordinaire, savoir son caractère et ses habitudes, en un mot la connaître, nous allions dire l'aimer. Aussi le portrait est-il devenu très-rare; notre salon en renferme cependant plusieurs : MM. Sellier, Feyen et R. de Scitivaux ont exposé des œuvres de ce genre vraiment fort remarquables.

M. Sellier a envoyé le portrait de sa mère : c'est non-seulement le plus beau portrait, mais encore la meilleure chose du salon. Sous le rapport du dessin et du modelé nous ne voyons rien de mieux; nulle part nous n'avions vu la transparence de l'œil rendue sur la toile avec cette puissance de vérité; il y a dans cette tête de femme une simplicité naïve, une franchise, une modestie, une tranquillité d'âme qui font connaître Mme S... sans l'avoir vue jamais. Malheureusement l'emploi des tons noirs y est réellement exagéré; les parties ombrées deviennent de plus en plus noires et menacent toute la toile. Cette crainte bien fondée devrait seule décider M. Sellier à renoncer à cette teinte bitumineuse qui noircit sans cesse avec le temps, qui a gâté ses beaux intérieurs, et enlevé beaucoup d'intérêt à ses belles et solides études. Si un jour nous reprenons la plume pour rendre compte des Expositions suivantes, nous espérons bien pouvoir dire que M. Sellier a rompu décidément avec cette exagération d'une manière excellente. L'autre portrait de M. Sellier, celui de M. S., est d'une saisissante vérité.

M. Feyen, lui aussi, cherche le modelé dans l'emploi des teintes noires, mais il ne l'exagère pas. Ses deux portraits sont dignes d'un maître; celui de M. H..., peint très-lestement sur une plaque de marbre, est une œuvre savante et hardie ; l'autre portrait, celui de M. P... serait parfait, si le dessin et la pose n'étaient pas un peu trop négligés. M. Feyen excelle à rendre la partie la plus difficile des portraits, la physionomie, la ressemblance morale dont nous parlions tout à l'heure. Il y a dans ces deux toiles une largeur de touche, une sûreté de pinceau, dont les maîtres seuls ont le secret.

Les portraits de femme, en général, sont difficiles à faire, le portraitiste se trouve non-seulement en face des difficultés de l'exécution, mais aussi en présence de la coquetterie féminine ; il faut d'abord qu'il sache pétrir le teint de lis et de rose, agrandir les yeux, amoindrir la bouche, épaissir la chevelure, embellir enfin son modèle à l'aide de tous les innocents mensonges du dessin et de la couleur ; il faut encore et surtout qu'il possède l'art de la toilette, car il y a une chose que les femmes préfèrent même à être belles, c'est d'être bien habillées. M. de Scitivaux n'avait pas toutes ces difficultés à vaincre : il lui suffisait pour faire un beau portrait, de copier exactement et disons de suite qu'il l'a fait avec un véritable talent. Avec un intelligent emploi de la couleur, sans rien exagérer, il a puissamment mis en relief le caractère aristocratique, le maintien à la fois sévère et bienveillant de son modèle. Ce portrait pour le dessin, la pose, rappelle les beaux portraits du XVIIe siècle ; le modelé de la tête, des épaules et des bras est d'une hardiesse de pinceau fort remarquable. En composant la Chute de Cheval, M. de Scitivaux avait signé une œuvre agréable, mais le jour où, probablement animé et soutenu par sa tendresse filiale, il a fait le portrait de sa mère, il s'est élevé à la hauteur des maîtres.

CHARLES GRILLOT.

(*La suite à la cinquième livraison.*)

LES CAQUETS DU SALON.

Faire un portrait, c'est fixer sur une toile à la fois l'âme et le corps d'une personne. Il y a au salon quatre ou cinq portraits.

⁎⁎⁎

Un de nos amis, en voyant tous ces types photographiés et rangés dans la salle des Chameaux, me disait qu'il leur préférait de beaucoup ceux que nous y avons admirés cet hiver.

⁎⁎⁎

Que dites-vous des portraits de D...? — Ils sont bien léchés? — D'accord, mais à défaut de ressemblance on est toujours sûr d'avoir du faire en peinture.

⁎⁎⁎

Aimez-vous les épinards? on en a mis partout.

⁎⁎⁎

Il y a au salon quatre paysages auxquels — pour être des tableaux utiles et complets — il manque une horloge.

⁎⁎⁎

Le tableau de M. de Montjoie plaît beaucoup. Et cependant la forêt est sans feuillage et sans charmes.

⁎⁎⁎

M. F. place des fleurs dans un vase de carton; qu'il prenne garde : ses fleurs passeront bien vite.

⁎⁎⁎

Il y a une véritable exposition de fruits... en cire.

⁎⁎⁎

Si le public ne sait pas mettre le prix à un tableau... en revanche l'artiste le plus souvent est... comment dirai-je? dans ses prétentions.

⁎⁎⁎

On pourra gagner, dites-vous, à la loterie des tableaux les paysages de M...? Oui, mais sans les cadres. — Ah! et vous appelez cela gagner? merci.

⁎⁎⁎

Les auteurs de la *Revue du Salon*, après avoir longtemps examiné les œuvres exposées et mûrement réfléchi sur le mérite de chacune d'elles, se sont partagé, *ex œquo*, la médaille de platine.

FIN DES CAQUETS DU SALON.

Nancy, imprimerie de veuve Raybois et Comp., (5) du Faubourg Stanislas, 3.

LES PORTRAITS.
(Suite.)

Les portraits de M. Faivre-Duffer semblent, à côté de ceux dont nous venons de parler, une protestation contre la vigueur et le laisser-aller du pinceau; leur exécution fine et lisse, leur modelé froid, le dessin précis (sans être toujours correct), les couleurs plates en font des miniatures en grand. Cette manière léchée, délicate, peut rendre — si l'on veut — la charmante fraîcheur de l'enfance, le teint de lis et de roses d'une jeune fille; mais jamais elle ne sied à une mâle et forte nature. M. Duffer, en exagérant son art, laisse dans ses œuvres échapper le sentiment et la vie.

Malgré la rivalité dangereuse des photographies (surtout de celles qui ne sont ni coloriées ni retouchées) les miniatures sont cependant en nombre au salon. Les femmes seules peuvent atteindre la délicatesse du pinceau qui convient à ce genre charmant. Mme Rouchié a envoyé cinq miniatures, parmi lesquelles nous devons citer le portrait de Mme L...; Mlle Voïart, son élève, a fort bien réussi une copie du beau portrait de Mme de Graffigny. Mlle Haillecourt, de Metz, cultive avec succès ce genre qui ne trouve plus assez d'admirateurs.

Ce n'est pas sans raison que nous nous sommes arrêté devant les portraits, plus longtemps peut-être que ne le comportaient les exigences de notre Revue. Selon nous les portraits composent la meilleure partie de notre Exposition de peinture; ils donnent au Salon de Nancy, en 1860, sous le rapport de l'art, une véritable importance, et nous doutons qu'il soit possible en province de réunir souvent des œuvres d'une aussi grande valeur.

LE PAYSAGE.

V.

Si l'on en croit ce qui nous revient des expositions de Paris et de la province, le paysage cultivé en France par un grand nombre d'artistes est le côté vraiment original et supérieur de la peinture française dans nos temps modernes. Nous voulons bien le croire; mais du moins notre Salon de 1860 ne contribuera pas à confirmer cette opinion plus ou moins contestable; car dans cette galerie composée d'environ deux cents tableaux, nous n'avons que deux ou trois paysages qui révèlent chez leur auteur le vrai sentiment de leur art et qui soient dignes de fixer l'attention. Et cependant, nous sommes dans le pays où est né Claude Gelée, le plus grand paysagiste connu ; nous habitons une province dont la nature riche, puissante et variée devrait faire une impression vive sur ceux qui aiment à l'étudier, et éloigner les artistes du paysage classique, conventionnel des anciennes écoles.

Aujourd'hui, il faut le reconnaître, on a abandonné ce pédantisme académique qui s'était glissé dans ce qui le comporte le moins, dans les herbes, les champs, les arbres, les rochers, les horizons vaporeux, l'eau, l'air et la lumière. On est revenu à la nature : aussi le paysage, ce genre qui n'exige pas des études aussi sérieuses que les autres, a-t-il reçu de nos jours un attrait nouveau. Toutefois, pour éviter le prétentieux, le conventionnel, il ne faut pas tomber dans le vulgaire, et sous prétexte que la nature est toujours belle, prendre ses sujets au hasard parmi les plus pauvres et les plus mesquins : un paysage doit produire dans l'âme de celui qui le regarde une certaine émotion, et nous sommes de ceux qui n'en éprouvent aucune devant un champ labouré, devant une mare où barbote un canard. Il ne faut pas non plus que l'artiste traite sans façon la nature, en manière d'ébauche, et affecte une allure de peintre de génie pour cacher son impuissance à exprimer les détails.

Le *Pâturage* (vallée de la Meurthe) est une imitation sincère et naïve de la nature, telle que nous la voyons autour de nous ; quelques animaux paissent sur les bords d'un ruisseau tranquille ; au fond, la forêt. La lumière, l'air, la vie circulent sur cette petite toile ; à la voir, il est impossible de ne pas éprouver cette émotion qu'au sortir des villes, des rues peuplées, nous ressentons devant une plaine verte et riante. L'exécution n'a pas cette négligence qu'affectent certains peintres ; cependant le fonds, les arbres, ne sont peut-être pas assez faits ; le ciel a un ton général gris et vague qui rend inexplicable la lumière des premiers plans. Quoi qu'il en soit, ce paysage est le meilleur du Salon. *Une Mare* du même auteur renferme les mêmes qualités, mais les défauts y sont bien plus sensibles. Le *Souvenir* (*effet du soir*) bien différent de manière, montre la souplesse du talent de M. Marquis ; ce petit tableau peut plaire aux natures nerveuses et délicates, mais il nous paraît bien inférieur aux deux premiers.

Si la nature n'est pas toujours belle, elle présente toujours de l'intérêt. M. de Montjoie s'est résigné à hiverner pour étudier l'intérieur d'une forêt alors que les arbres sont dépouillés, que leurs maigres silhouettes se dessinent durement sur le ciel ; il a bien saisi la tristesse sombre d'une forêt à la lueur pâle du brouillard matinal ; cette solitude intéresse et fait rêver. On regrette avec raison l'uniformité de la couleur rougeâtre du premier plan : elle n'est pas naturelle. M. de Montjoie étudie la nature, la comprend ; il a tout ce qu'il faut pour devenir un bon paysagiste.

Après ces paysages nous ne trouvons plus rien qui soit remarquable ; arrêtons-nous cependant un instant devant quelques tableaux auxquels on a prodigué, selon nous, des éloges exagérés. Nous n'avons pas à parler de M. Leborne comme professeur de dessin ; on dit que M. Sellier est son élève, c'est un titre ; la question n'est pas là et nous ne voyons que des tableaux. Parmi les onze toiles envoyées par M. Leborne, il y a six paysages : or, il ressort de l'examen de cet envoi que ce genre est le plus contraire à son talent. Cet artiste tout préoccupé du style semble avoir peur de la vérité ; ses paysages manquent tout à fait de naturel. Qu'importe que cette vallée soit bien peinte si l'air et la lumière n'y jouent point librement ? Qu'importe que cet arbre soit bien dessiné s'il n'est pas agité par le vent ; que ce feuillage soit découpé avec art sur le ciel bleu s'il ne tremble pas au souffle du zéphir ? On sent trop le travail ; la seule chose qui intéresse devant un paysage, c'est la vie, et rien n'anime les paysages de M. Leborne.

Quant aux paysages de M. Bour, ils révèlent le laisser-aller d'exécution le plus complet ; ce sont des ébauches, des pochades dans lesquelles il est difficile de voir autre chose que des couleurs. Ce qu'il y a de plus fâcheux dans cette manière de M. Bour c'est que c'est un véritable parti pris ; car, en examinant de tout près ces petites toiles, on trouve des parties heureusement rendues, mais ce sont les plus rares.

M. de Meixmoron est dans une mauvaise voie ; ce n'est pas à l'atelier qu'on étudie la nature. La *Pêche aux grenouilles* de M. Pinot est une bonne étude. Cet artiste a prouvé à Nancy qu'il savait faire autre chose que des images enluminées ; il a eu raison. Son Avare est fort bien posé et peint ; l'autre petite toile est loin d'être aussi heureuse.

En terminant cette revue des paysages, nous aimons à revenir devant les belles études de MM. Marquis et de Montjoie, pour leur dire qu'ils donnent à notre province les plus grandes espérances. Qu'ils continuent à chercher leurs inspirations dans ces grasses vallées de la Meurthe, dans ces plaines riantes ou dans ces belles montagnes des Vosges si peu connues ; qu'ils étudient sans cesse la nature et nous ne désespérons pas de voir un jour à nos Expositions des œuvres dignes du maître Lorrain.

ANIMAUX. — FLEURS. — NATURE MORTE. — AQUARELLES. — PASTELS. — DESSINS.

VI.

Nous ne pouvons que passer à la hâte devant toutes ces œuvres de troisième ordre qui, pour la plupart, ont été l'objet de notre critique dans la deuxième partie de la Revue. Parmi les peintres d'animaux et de nature morte nous devons citer MM. Pene et Cras : M. Pene a une levrette d'après nature qui est fort bien traitée ; sa *Mésange morte* et son *Orange ouverte* sont les meilleures choses de ce genre au Salon. M. Cras a réussi dans son *Braconnier*; sa *Batterie de cuisine* est vraiment prise sur nature ; son autre petit tableau est bien inférieur. M. de Bouillé a parfois dans ses études des parties fort bien étudiées et rendues.

Les aquarelles sont en grand nombre au Salon. Les *Artilleurs* de M. Pils et la *Cascade* de M. Pensée sont réellement des chefs-d'œuvre du genre. Dans les Artilleurs on retrouve les éminentes qualités de l'auteur, le dessin correct et le brillant coloris. Un amateur sévère demanderait peut-être une couleur plus vive dans le charmant tableau de M. Pensée. Les aquarelles de M. A. de Scitivaux n'excitent point notre admiration ; il y a dans ces deux vastes tableaux une confusion de dessin et de couleur qui rend leur aspect désagréable. Quant à M. Guérard, voilà vingt ans qu'il nous envoie la même Barque avec les mêmes personnages ; tout cela pouvait peut-être plaire en ce temps-là ; mais tout passe, même les plus belles choses ; nous lui conseillons de changer un peu avec son temps.

Les fleurs et les fruits attirent comme toujours l'attention. M. Faivre a réuni des pivoines et des iris dans un vase placé sur une table devant un grand rideau ; les fleurs sont admirables d'étude et de coloris, mais les accessoires dans ce tableau sont bien prétentieux et nuisent beaucoup aux fleurs. Melle Paigné aime aussi les fleurs et les copie le pastel à la main ; elle réussit. Elle porte un nom qui oblige et elle ne doit pas oublier les modèles de ce genre laissés par sa sœur, Mme Sturel.

Melle Guy, élève du plus célèbre peintre de pastel de notre temps, marche avec succès sur les traces de son maître. Son oiseau mort est une charmante scène devant laquelle on s'arrête avec plaisir ; on ne se lasse pas d'admirer la délicieuse naïveté des deux petites filles qui contemplent avec curiosité l'oiseau mort. Ce tableau est un des plus jolis du Salon.

Parmi les nombreux dessins nous devons citer les paysages à la plume de M. Muller. Cette plume est un burin ; on l'a dit avec autant d'esprit que de raison, elle fait le soleil. Qui n'admirerait les charmants Souvenirs de Bade de M. Chatelain et les croquis de M. Morey ? On a cru voir dans les peintures grecques et romaines de M. Morey des représentants de l'architecture au Salon : c'est une erreur. L'architecte conçoit un plan, dispose des lignes ; il peut arriver qu'il ne sache pas dessiner. Son œuvre s'élève sur nos places et dans nos rues ; c'est là seulement qu'il faut le juger.

SCULPTURE.

VII.

Si la peinture peut déserter la voie de l'idéal et se lancer dans la fantaisie et le genre, sacrifier au mauvais goût en recherchant le joli au lieu du beau, la sculpture ne peut tomber dans les mêmes écarts. La forme humaine constitue pour elle un type sévère dont elle doit être l'épopée, jamais elle ne peut en être la parodie ; elle cherche le beau dans son caractère général et non dans les diverses conditions de l'individu.

Le Faune gymnaste est bien un sujet antique ; mais l'exécution, le style est tout moderne et laisse pressentir chez l'artiste la tendance à s'éloigner des règles idéales et limitées de son art ; il s'est peut-être un peu trop inspiré de la réalité. Le corps de ce jeune homme a bien les formes grêles de son âge : l'expression de la tête est difficile à comprendre. Est-il joyeux de la facilité avec laquelle il franchit l'obstacle? Ou bien est-il effrayé de son propre élan à la vue du sol sur lequel il va retomber? La bouche est vulgaire, et nous doutons que les Anciens qui ont idéalisé ce type bizarre des Faunes lui aient jamais donné cette vulgarité. Il y a aussi dans cette jolie statue une difficulté vaincue ; c'est même aux yeux du plus grand nombre le seul mérite de l'œuvre. Pour nous, nous n'aimons pas plus dans les beaux-arts que dans la poésie et la littérature ces tours de force qui ne laissent dans l'esprit rien autre chose que l'étonnement. Quoi qu'il en soit ce Faune est une statue fort remarquable et il y a bien longtemps que nous n'avons vu à nos Expositions de province une œuvre de cette grande valeur.

Le Christ du même auteur ressemble à tous ceux qui ont été faits jusqu'alors; on voit seulement à l'arrangement de la chevelure, le désir d'innover : ces cheveux qui retombent en masse sur les deux épaules produisent un désagréable effet. Quant aux autres œuvres de M. Clère, la photographie ne les exprimant pas assez bien, nous ne pouvons en parler, de peur d'attribuer à l'artiste des défauts qui seraient dus à l'imperfection de l'instrument photographique.

On ne peut pas reprocher à M. Bailly de chercher ses inspirations dans la réalité moderne, il nous a envoyé trois Déesses : Iris la messagère des dieux, Pandore et l'Agriculture. L'Iris a des formes bien hardies, bien puissantes pour une messagère divine : le bras qui va, derrière la tête, retenir les draperies, a un mouvement disgracieux ; le dessin en est peu correct. La tête, comme celles des deux autres statues du même auteur, est tout à fait sans expression ; les draperies retenues à la hanche, forment en collant sur les jambes un désagréable effet ; le corps est trop évidemment copié sur celui bien connu de la Vénus de Milo. La Pandore est plus gracieuse, peut-être un peu trop ; c'est de la coquetterie ; les lignes du corps ne sont pas très-correctes ; cependant c'est la meilleure œuvre de M. Bailly. Quant à l'Agriculture, elle est heureusement cachée dans les plantes exotiques du bassin ; elle a un type vulgaire ; ses jambes croisées l'une sur l'autre sont du plus mauvais goût ; le bras gauche ne ressemble à rien ; le corps est difficile à comprendre. M. Bailly a raison d'étudier l'antiquité ; mais il faut sous la forme chercher l'expression : ses statues en sont dépourvues.

Peut-on regarder la Halte et le Mousquetaire de M. Ménessier sans éprouver un profond sentiment de tristesse : ce sont là les dernières œuvres de cette main habile, consciencieuse et savante qui a élevé à la hauteur de l'art un genre si éloigné des données ordinaires de la sculpture. M. Kampf suit de très-loin son maître ; ses statuettes sont en général bien campées: mais elles supportent difficilement un examen attentif ; cet artiste réussit mieux la charge ; son Conscrit est vraiment rendu très-heureusement. Avant de modeler il faut savoir le dessin, et les hommes de M. Kampf n'ont ni bras, ni jambes, ni proportions : c'est cependant, même dans ce genre, fort essentiel pour arriver à produire une œuvre artistique.

Il y a à côté de ces statuettes qui intéressent et amusent, une étude de vache qui se lèche le pied, faite par un amateur : c'est rempli de naturel et de vérité.

VIII.

Le Salon de Nancy — on peut le dire en résumé — est assez remarquable par le nombre des belles toiles qu'il renferme. Dès lors que l'on admettait seulement les œuvres des artistes nés dans la province Lorraine, il était difficile d'en réunir un plus grand nombre réellement dignes, et des études sérieuses des amis de l'art et de l'attention publique. Les résultats inespérés du Salon de 1860 ranimeront la Société des Amis des Arts, et nous verrons sans doute revenir tous les deux ou trois ans ces solennités artistiques.

Mais espérons aussi, que les portes du Salon s'ouvriront à tous les artistes sans distinction d'origine ; c'est, selon nous, la meilleure manière d'intéresser le public aux progrès de l'art, et de populariser en province les œuvres contemporaines. Tout le monde ne peut voyager et aller à Paris ; il faut donc que les trésors de l'art répandus dans notre France se concentrent de temps en temps sur un point quelconque : les artistes pourront ainsi se faire connaître et consulter cette opinion publique qui fait et défait les grandes renommées. C'est aussi le meilleur moyen de répandre dans notre pays le goût éclairé des beaux-arts et de réagir contre la tendance matérialiste, si énergiquement secondée par les merveilles de l'industrie.

Il y a dans les belles provinces de la France une foule de personnes — et c'est pour elles que nous parlons — qui ne se laissent point absorber exclusivement par le côté matériel de la vie et trouvent encore, au milieu du tourbillon des affaires, quelques instants à consacrer à la satisfaction de ce besoin élevé, qui fait que l'homme s'élance parfois des tristesses humaines vers les hautes et éternelles régions du Beau, du Bien et du Vrai.

CH. GRILLOT.

CATALOGUE POUR RIRE.

10 bis. — Une vestale (fantaisie en sucre pour dessert).
11. — Renard mouillé et citrouille morte (quarante-deux ans de service).
13. — Un panneau — noir et gris — divisé en deux parties bien égales.
14. — Jaune, vert et bleu. Plumet jaune.
15. — Une petite société au vert sur un mur.
18. — Un paysage Ecossais, peint en Picardie, exposé à Nancy par un Anglais.
22. — Légers souvenirs d'un voyage léger.
24. — Le bon roi Stanislas faisant danser les marionnettes de sa cour.
27. — M. de Saint-Cyr et sa tante.
28. — Le faune à la grimace (scène de gymnase).
41. — Une église qui demande un secours.
52. — La réconciliation après la mine (de plomb).
55. — La barre à Caron.
59. — Un enfant à croquer... des cerises.
60. — La barque à la famille Martin (nature morte).
75. — Souvenir des Vosges (avant le voyage).
76. — Cavaliers arabes retenus à la fontaine par Lalaisse.
96. — Le soleil se couchant dans une marre.
97. — Le soir (fait de souvenir).
103. 104. 217. — Un arbre qui ne change jamais (étude).
108. — Rayon de soleil pendant la nuit.
152. — Un mariage de tous les siècles :

L'art y est étouffé ; pour lui seul on soupire !

159. — Un vieillard rassis (racine de buis).
169. — Débris de batterie tiraillée par un ou deux artilleurs.

170. — Une excursion de gentlemans-riders aux Montagnes bleues.
172. — Cheval de sapin en acajou plaqué... contre un buisson.
182. — Portrait des pieds de l'auteur (en plâtre).
188. — Marchands d'habits.
208. — Plusieurs études du même numéro.
215. — Un viveur et un homard (après la cuite).

A NOS LECTEURS.

Amis lecteurs, ici se termine notre œuvre. Est-elle à la fois sérieuse et originale? C'est à vous à le décider. Quant à nous — disons-le franchement — nous sommes touchés de l'accueil qui a été fait à notre Revue : le succès pourrait nous enorgueillir, mais heureusement nous en reportons la plus grande part à notre habile lithographe et à notre imprimeur : ils ont fait beaucoup. Et nous? — Ma foi, amis lecteurs, c'est encore à vous à le décider.

CH. GRILLOT ET E. THIÉRY.

FIN.

Nancy, imprimerie de veuve Raybois et comp., rue du faubourg Stanislas, 3.

LE SALON DE NANCY — 1860.   1re LIVRAISON.

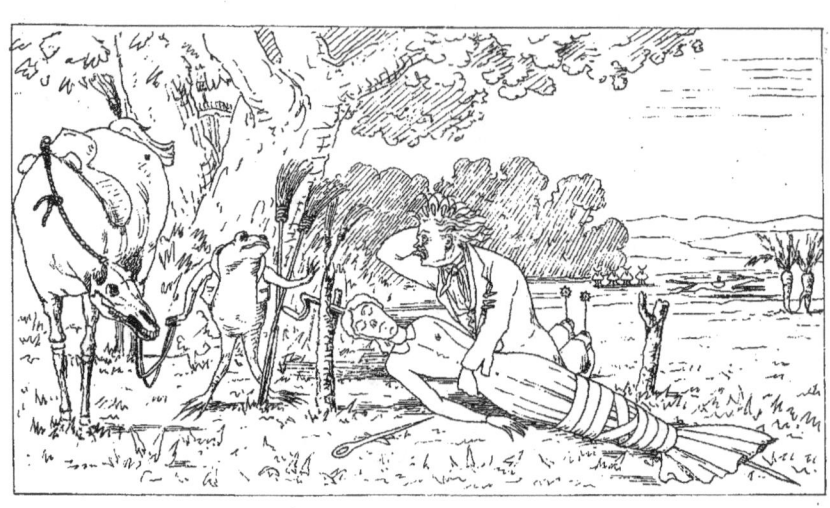

Une femme flambée.

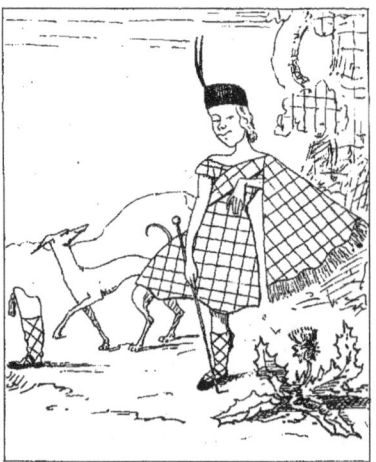

Oh! c'été très curieuse!!! prodidgéous!!!
J'été bienne caoutontentê,... fômellement.

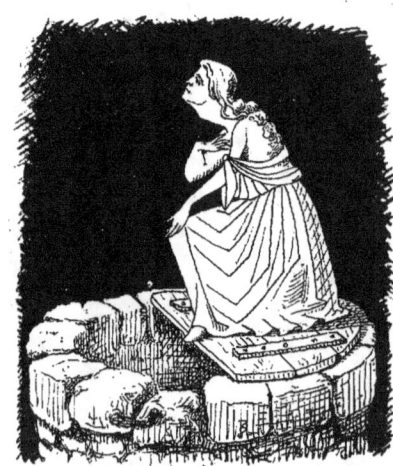

Un suicide.

E. Thiéry del.   Lith. L. Christophe, Nancy.

LE SALON DE NANCY, 1860.

1860

1ʳᵉ LIVRAISON

Choux-raves .... et .... reux chevaux.

Le feu à la prochaine exposition.

!!

Tour de force exécuté par M. Rose et son chat.

E. Thiery del.

Lith. L.Christophe, Nancy.

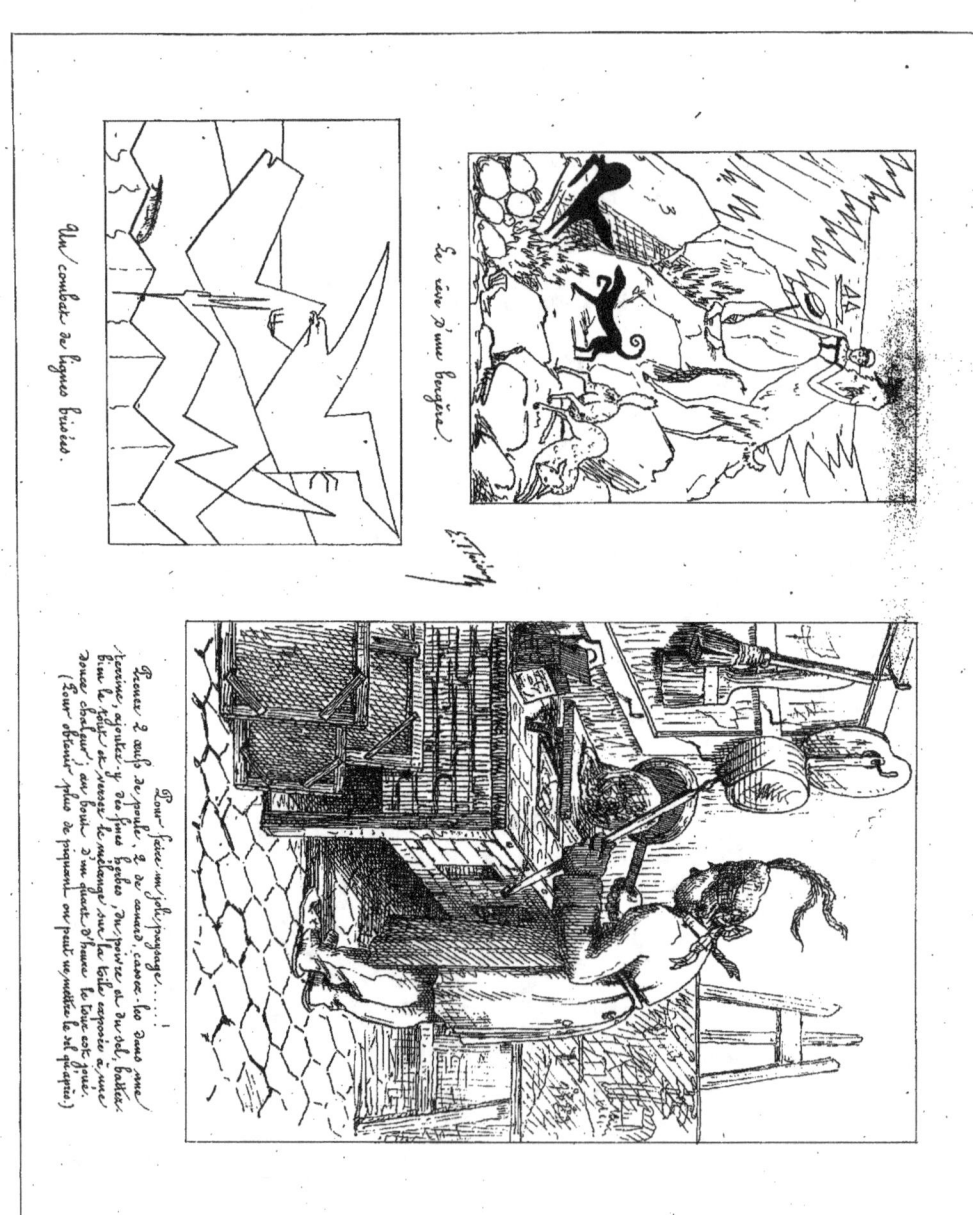

LE SALON DE NANCY. — 1860. 3ᵉ LIVRAISON.

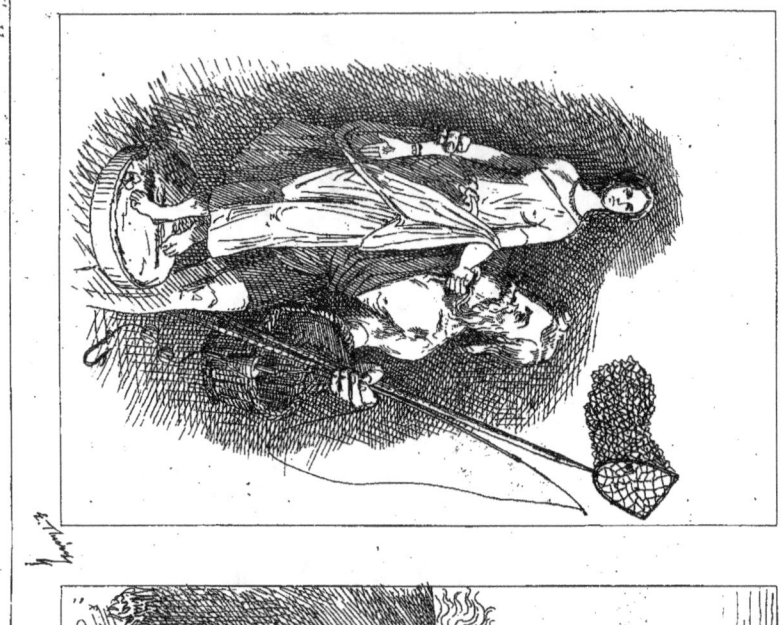

La pêche merveilleuse.

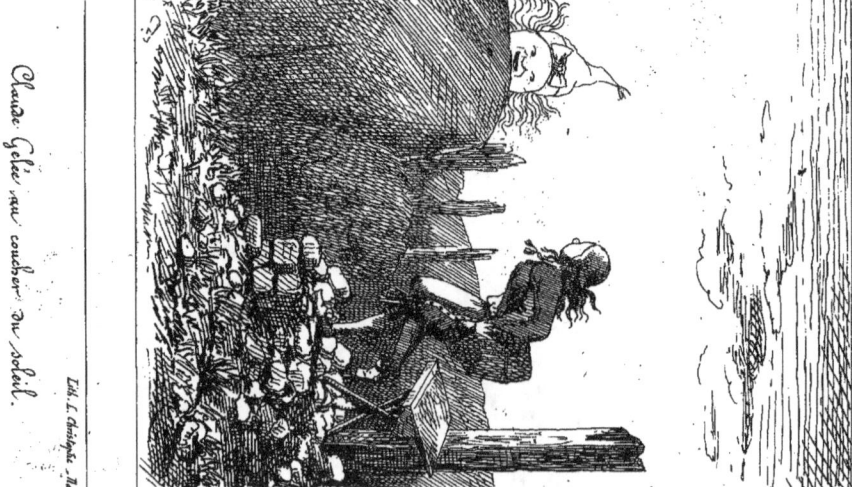

Claude Gelée au coucher du soleil.

LE SALON DE NANCY. 1860.

E. Thiery, del.

Fontaine de miel à l'usage des Séraphins.

M. S......... auspices de l'Exposition!

Imp. Lith. L. Christophe, Nancy.

4ᵉ LIVRAISON.

LE SALON DE NANCY _ 1860.   4.e LIVRAISON.

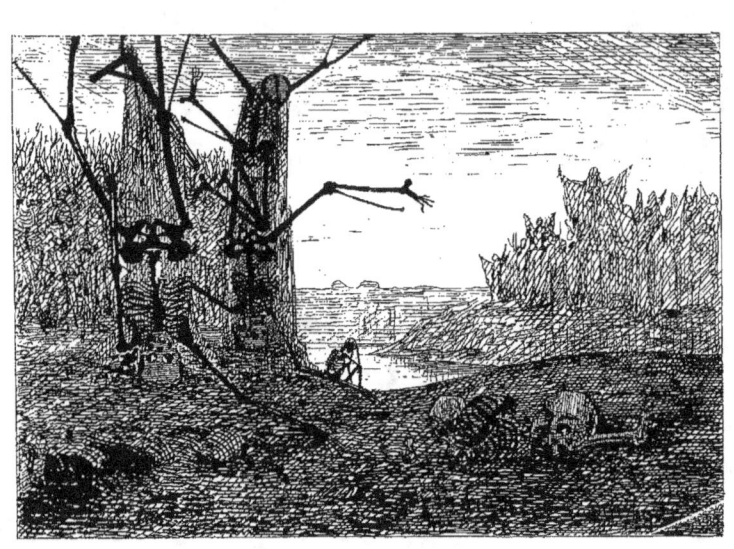

Un paysage gai.

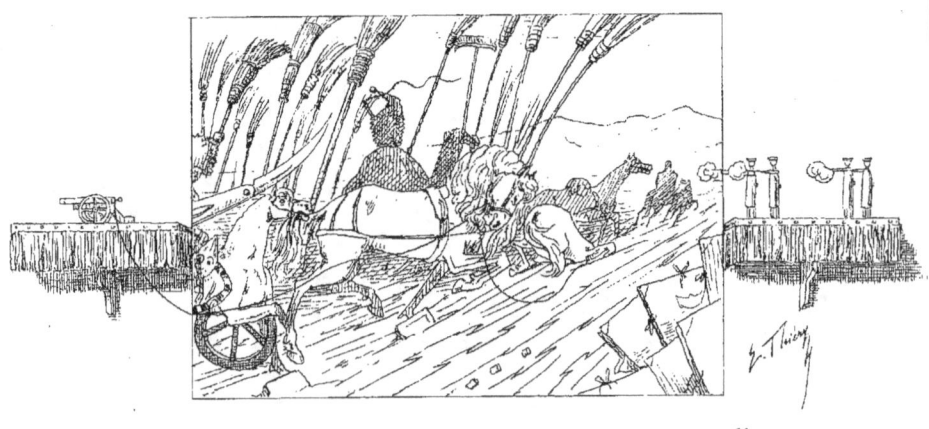

Chevaux d'une Batterie d'artillerie attaquée par des tirailleurs.

E. Thiéry del.   Lith. L. Christophe. Nancy.

LE SALON DE NANCY _ 1860.   5.e LIVRAISON.

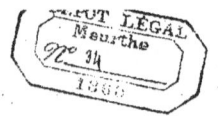

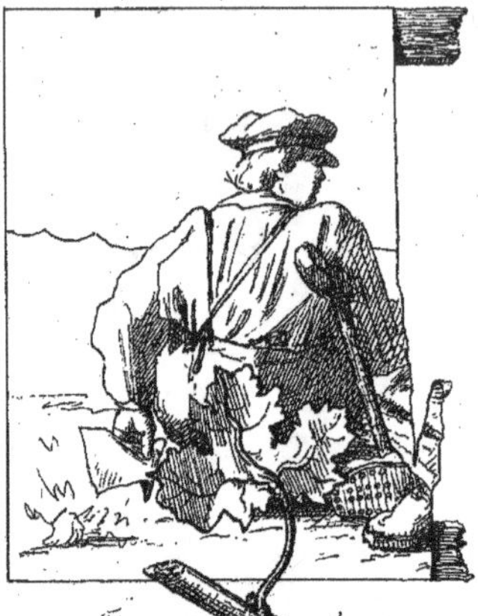

Fragment d'un pastel (gaze).

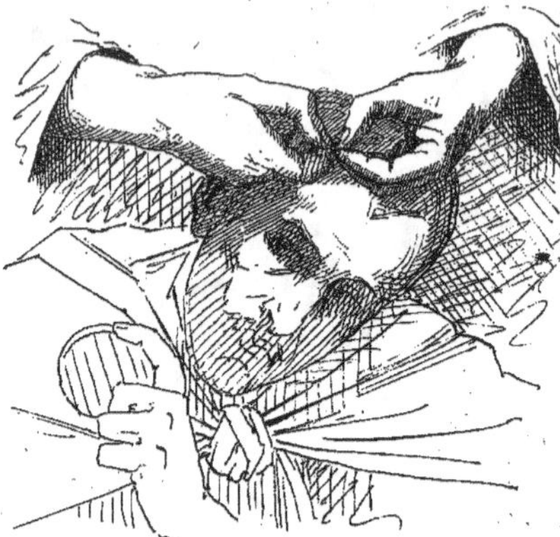

La toilette du Turco.

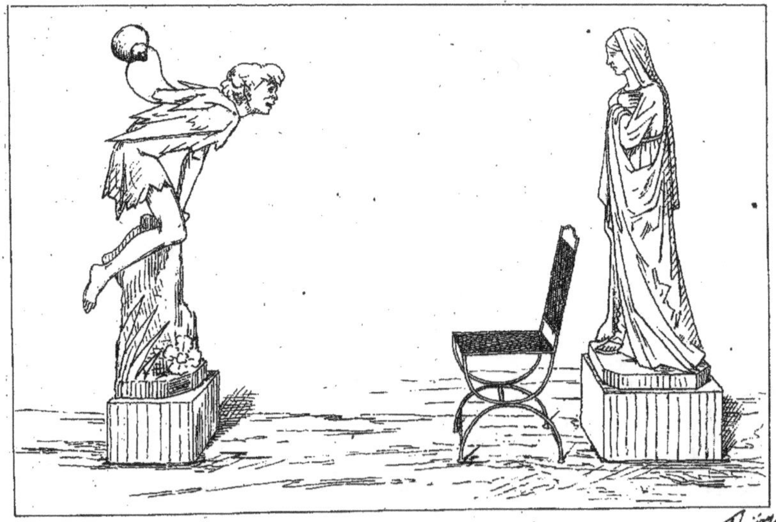

Un heureux rapprochement! (Quis invenit.....?)

E. Thiéry. del   Lith. L. Christophe _ Nancy.

LE SALON DE NANCY — 1860. 5ᵉ LIVRAISON.

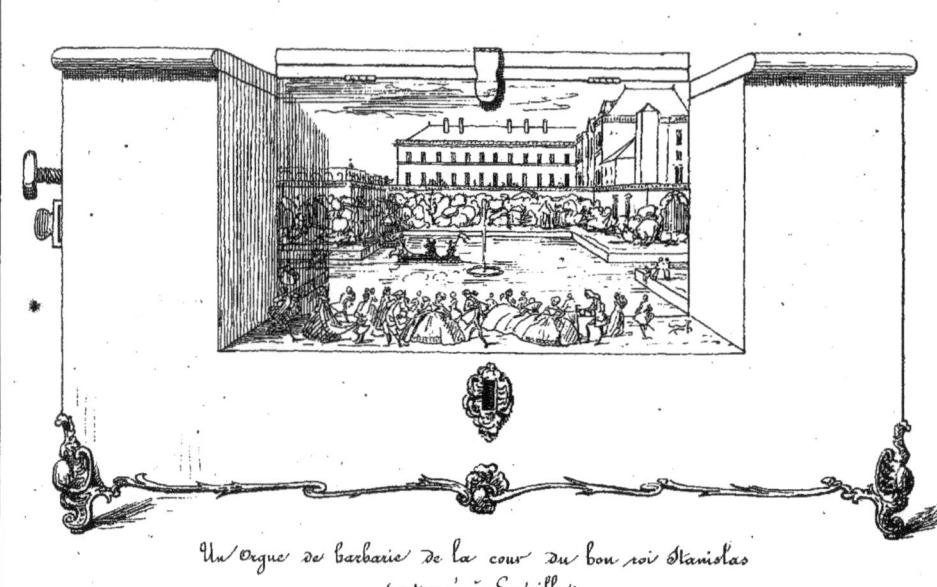

Un Orgue de barbarie de la cour du bon roi Stanislas
(retrouvé à Lunéville.)

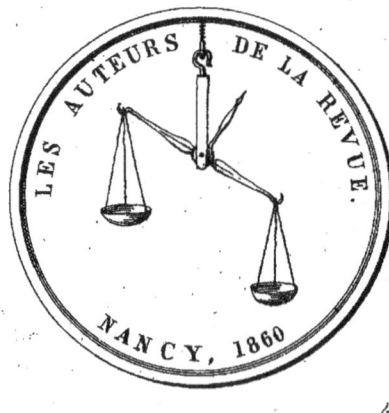

E. Thiry, del. Lith. L. Christophe, Nancy.

www.ingramcontent.com/pod-product-compliance
Lightning Source LLC
Chambersburg PA
CBHW030050230526
45471CB00003B/1027